Der Herbst ist da …

… und mit ihm all die farbenfrohen Blumen, attraktiven Fruchtzweige und vielseitigen Getreidearten. Das beflügelt geradezu die Kreativideen, nach denen jetzt die Kunden nach langer Sommerzeit lechzen. Präsentiert Eure Floristik offensiv, sodass sie Lust darauf macht, gekauft zu werden. Wie dies mit einfachen Obstkisten stimmungsvoll und Aufmerksamkeit erzeugend geht, zeigt bereits unsere erste Magazinstrecke. Aber auch alle anderen Themen präsentieren Ideen, die jetzt das Herbstgeschäft beflügeln.

Wir wünschen Euch gute Anregungen sowie verkaufsstarke und Freude bringende Umsetzungen.

**Hella Henckel, Michael Sutmöller
und das PRAXIS-Team**

Inhaltsverzeichnis

Saisonfloristik
Herbstkunst 04

Geschenkefloristik
Hallo Herbst! 14

Floristik in Serie
Traumfänger für den Garten 20

Tischschmuck
Tischdekoration mit Dahlien 26

Dauerhafte Floristik
Wand-Objekte im Natur-Look 32

Trauerfloristik
Liebevolles Gedenken 38

Sträuße
Ausdrucksstarke Sträuße 46

Pflanzungen
Farbenfrohes Purpurglöckchen 54

Marketing
Erfolgreich werben mit dem Weihnachtsstern ... 60

Produktinformationen
Verkaufskonzept Herbstkunst von Landgard 64
Floristikbedarf von Smithers-Oasis 66
Draht- & Metallprodukte von BUCO 68

Hinweise

! **Tipps, Anmerkung und/oder zu beachtende Fakten**

» **Informationen zu den Herstellungsschritten**

1 **Nummerierung in Verbindung mit Bild und Text**

Alle Angaben beziehen sich, wenn nicht anders angegeben, auf ein Werkstück.

Die Fertigungszeiten orientieren sich, außer bei Einzelwerkstücken wie Brautstrauß und Kranz, an der Serienfertigung. Kundenberatungszeiten sind nicht enthalten.

Weil die Fotoproduktionen in der Regel wenige Wochen vor Erscheinen jeder Ausgabe liegen, ist nicht immer die zur Saison gehörende Frischware erhältlich.
In diesen Fällen greifen wir auf Textilblumen, Kunststofffrüchte etc. zurück, ohne jedoch die gestalterische Wirkung und die für Frischblumen notwendige Technik zu verändern.

facebook.com/blooms.pro
pinterest.com/bloomsmedien
instagram.com/blooms_medien

Aster novae-angliae, Brassica oleracea, Calluna vulgaris, Heuchera micrantha, Pennisetum alopecuroides (alles Landgard)

Dazu: Kürbis

Keramikgefäße mit Untersetzer (Landgard) · Geschenkanhänger · Obstkisten · Körbe · Pflanzsystem (D&M) · Wandfarbe · Schrauben

HERBSTKUNST

1 Vernissage zum Herbstauftakt gefällig? Mit einem einfachen Aufbau mittels rustikaler Obstkisten und einigen Körben, dazu allerlei herbstlichen Requisiten und vor allem dem Reigen der typischen Herbstblüher im sinnlichen Violett-Lila, wird es ein stimmungsvoller Verkaufsauftakt. 2 Blickfang ist das Wandbild aus Zweigen und *Calluna*. 3 Das Werbemittel weist auffällig auf die Aktionsverkaufsfläche zum Herbstauftakt hin. Und viele bepflanzte Gefäße schaffen ein attraktives Präsentationsbild, das zum Kaufen auffordert. Die passenden Aktionsetiketten unterstützen den einheitlichen Auftritt.

1 Die Äste zu einem Rahmen zusammenschrauben und den fertigen Rahmen aufhängen. 2 Den Rahmen mittels eines Schwamms mit Wandfarbe kolorieren. 3 Nun das Pflanzsystem im Rahmen integrieren und die einzelnen Segmente mit Herbstblühern bepflanzen.

Aster novae-angliae, Calluna vulgaris, Carex buchananii, Lysimachia nummularia, Rosa multiflora (alles Landgard)

Dazu: *Brassica napus* · *Carpinus betulus*

Holz-Hängeampel, Geschenkanhänger (beides Landgard) · Kokosstrick · Folie · Pflanzerde

Zeit 10 min · **Höhe** 35 cm · **Durchmesser** 35 cm

1 Aus dem Kokosstrick wird zunächst eine lockere Kette gehäkelt. 2 Diese Häkelkette dann um den Holztopf legen und befestigen. 3 Nun die Trockenfloralien in die Häkelmaschen einweben. Anschließend den Holztopf mit Folie auslegen, Pflanzerde einfüllen, die Pflanzen mit ihrem Wurzelballen einsetzen, angießen und die Ampeln aufhängen.

Brassica oleracea, Calluna vulgaris, Chysanthemum x grandiflorum, Helichrysum italicum, Lysimachia nummularia, Pennisetum alopecuroides (alles Landgard)

Dazu: *Carpinus betulus* · *Dipsacus sativus* · Ast

Korb, Geschenkanhänger (beides Landgard) · Rattan · Kordel · Topfeinsatz · Pflanzerde

Zeit 30 min · **Höhe** 105 cm · **Durchmesser** 50 cm

Dekorationselemente im Bild: Gefäß, gelborange (Serax)

Die schmucken an dem Ast befestigten Trockenfloralien in Form kleiner Bündelungen sorgen für attraktive Hingucker.

Amaranthus caudatus, Calluna vulgaris, Hydrangea macrophylla, Rosa multiflora (alles Landgard)

Dazu: *Anthriscus sylvestris* · *Brassica napus* · *Carpinus betulus*

Geschenkanhänger (Landgard) · Kordel · Band (Goldina Da Vinci artfleur) · Peddigrohr · Wickeldraht (BUCO)

Zeit 20 min · **Höhe** 19 cm · **Durchmesser** 65 cm

Amaranthus caudatus, Calluna vulgaris, Chysanthemum x grandiflorum, Dahlia Cultivar, *Heuchera micrantha, Hydrangea macrophylla, Rosa multiflora* (alles Landgard)

Dazu: *Anthriscus sylvestris* · *Brassica napus* · Heu

Geschenkanhänger (Landgard) · Glas (DutZ Collection) · Kerze (Wenzel) · Schale · Strohrömer · Wickeldraht, Rebenbindedraht (beides BUCO)

Frischblumensteckschaum-Kranz mit Recyclingkarton-Unterlage (OASIS® Floral Products)

Zeit 20 min · **Höhe** 60 cm · **Durchmesser** 58 cm

1 Den Strohrömer mit Heu bewickeln. 2 Dann den gewässerten Frischblumensteckschaum-Kranz mit Rebenbindedraht auf diesem fixieren und auf die Schale setzen. 3 Nun das Glas als Windlicht in die Mitte stellen und die Blumen einstecken, letztendlich die Kerze im Glas platzieren.

1

2

3

Acer pseudoplatanus, Calluna vulgaris (beides Landgard)
Dazu: Baumstammscheibe · Astscheibe
Geschenkanhänger (Landgard) · Tontopf · Schraube · Ovalit-Kleister
Zeit 25 min · **Höhe** 35 cm · **Durchmesser** 25 cm
alle Angaben für ein Werkstück

1 Die Rückseite der Blätter mit Ovalit-Kleister einstreichen und die Blätter schuppenförmig auf den Tontopf kleben, anschließend trocknen lassen. 2 Den Tontopf nun mithilfe einer Schraube und einer Astscheibe durch das Bodenloch hindurch auf der Baumstammscheibe fixieren. 3 Die ausgetopfte Pflanze in den Topf einsetzen.

1

2

3

Brassica oleracea, Calluna vulgaris, Calocephalus brownii, Chysanthemum x grandiflorum, Heuchera micrantha, Holzscheiben (alles Landgard)

Dazu: *Aesculus hippocastanum · Corylus avellana · Dipsacus sativus · Rosa multiflora*

Keramikgefäße mit Untersetzer, Geschenkanhänger (beides Landgard) · Band · Schnur · Steckdraht (BUCO) · Bambusstäbe

Zeit 15 min · **Höhe** 50 cm · **Durchmesser** 25 cm

Die Dekostecker mit den aufgespießten Trockenfloralien mittels eines Bambusstabs in das Werkstück stecken und eine Kordel anknoten.

Anthriscus sylvestris, Chysanthemum x grandiflorum (beides Landgard)

Dazu: *Lonicera henryi*

Korbsatz mit Stoffeinsatz, Geschenkanhänger (beides Landgard) · Pflanzeinsatz · Pflanzerde

Zeit 15 min · **Höhe** 80 cm · **Durchmesser** 50 cm

Calluna vulgaris, Chrysanthemum x grandiflorum, Heuchera micrantha, Muehlenbeckia complexa, Pennisetum alopecuroides (alles Landgard)

Dazu: Heu · Laub

Korb, Geschenkanhänger (beides Landgard) · Pflanzeinsatz · Pflanzerde · Wellendrahtringe, Myrtendraht (beides BUCO)

Zeit 30 min · **Höhe** 90 cm · **Durchmesser** 60 cm

» 1 Zunächst den wasserfesten Pflanzeinsatz in den Korb einsetzen und den Zwischenraum mit Laub füllen. Dann den Einsatz mit Erde füllen und die Pflanzen ohne ihre Kulturgefäße einpflanzen und angießen. 2 Die Triebe der Besenheide dann mittels Myrtendraht auf einem Wellendrahtring anbringen. Einen weiteren Ring mit Heu bewickeln. 3 Zum Schluss beide Ringe seitlich am Gefäß als Zierde anbringen.

» Zu den Produkten von Landgard siehe Seite 64–65.

Hallo HERBST!

Castanea sativa · *Dahlia* Cultivar · *Foeniculum vulgare* · *Helenium* Cultivar · *Helianthus annuus* · *Heliopsis scabra* 'Asahi' · *Hosta* Cultivar · *Hydrangea paniculata* · *Triticale x Triticosecale* · *Xerochrysum bracteatum*

Korb · Schale · Geschenkanhänger

schwarzer Frischblumensteckschaum-Block (OASIS® Floral Products)

Zeit 15 min · **Höhe** 60 cm · **Durchmesser** 35 cm

Aesculus hippocastanum · *Castanea sativa* · *Echinacea purpurea* · *Foeniculum vulgare* · *Helenium* Cultivar · *Helianthus annuus* · *Heuchera micrantha* · *Silene conica* · *Triticale x Triticosecale* · Zweige · Malvenfasern

Teller · Geschenkanhänger · Gummiringe

schwarzer Frischblumensteckschaum-Zylinder, Befestigungsstift, Knetkleber, Rustic Wire (alles OASIS® Floral Products)

Zeit 15 min · **Höhe** 52 cm · **Durchmesser** 15 cm

Dekorationselemente im Bild: Kerzenhalter (Hübsch)

» 1 Fünf Zweige mit Gummiringen am gewässerten Frischblumensteckschaum-Zylinder festklemmen. 2 Dann alles mit Rustic Wire fixieren und die Malvenfasern oben durch die Zweige flechten. 3 Die Ähren nun hinter dem Draht festklemmen, Floralien in den Steckschaum einfügen und alles mittels Knetkleber und Befestigungsstift auf dem Teller befestigen.

Castanea sativa · *Dahlia* Cultivar · *Echinacea purpurea* · *Eichhornia crassipes* · *Foeniculum vulgare* · *Helenium* Cultivar · *Helianthus annuus* · *Heuchera micrantha* · *Hydrangea paniculata* · *Pyrus salicifolia* · *Triticale x Triticosecale* · *Xerochrysum bracteatum* · *Zea mays* · Baumstammscheibe · Apfelzweig · Wiesengras · Zweig

Schale · Geschenkanhänger · Tackernadeln · Schrauben

OASIS® NatureSource™ Blumensteckschaum-Ziegel (OASIS® Floral Products)

Zeit 25 min · **Höhe** 70 cm · **Durchmesser** 58 cm

1 Drei Zweigstücke als Füße unter die Baumstammscheibe schrauben. Nun die zuvor eingeweichten Wasserhyazinthentriebe unter die Baumstammscheibe tackern. 2 Die losen Enden von jeweils drei bis vier Wasserhyazinthensträngen miteinander verdrehen und immer weitere Stränge dazunehmen, bis alle Enden miteinander verdreht sind. 3 Die mit gewässertem Steckschaum gefüllte Schale in das „Nest" einstellen, den Zwischenraum mit trockenem Gras usw. ausfüllen und die Werkstoffe in den Steckschaum einfügen.

Acer palmatum · *Castanea sativa* · *Corylus avellana* · *Dahlia* Cultivar · *Echinacea purpurea* · *Eichhornia crassipes* · *Helenium* Cultivar · *Hydrangea paniculata* · *Rudbeckia hirta* · *Triticum aestivum* · *Xerochrysum bracteatum* · Äpfel · Wiesengras · Ranken

Tackernadeln · Zahnstocher

OASIS® BIOLIT® NatureSource™ Blumensteckschaum-Ring mit kompostierbarer Recyclingkarton-Unterlage (OASIS® Floral Products)

Zeit 20 min · **Höhe** 17 cm · **Durchmesser** 40 cm

Dekorationselemente im Bild: Kerzenhalter (Hübsch)

Echinacea purpurea · Eichhornia crassipes · Foeniculum vulgare · Helianthus annuus · Helianthus annuus 'Sonja' · Heliopsis scabra 'Asahi' · Silene conica · Triticale x Triticosecale · Äpfel

Geschenkanhänger · Vierkantdraht (BUCO)

schwarzer Frischblumensteckschaum-Ziegel mit schwarzer Papercompound-Unterlage, Heißkleber (beides OASIS® Floral Products)

Zeit 22 min · **Höhe** 36 cm · **Breite** 22 cm · **Tiefe** 17 cm

Dekorationselemente im Bild: Becher (ASA)

Die eingeweichten Wasserhyazinthentriebe sind durch den Vierkantdraht geflochten.

Dahlia Cultivar · *Foeniculum vulgare* · *Helenium* Cultivar · *Helianthus annuus* 'Sonja' · *Quercus robur* · *Silene conica* · *Triticale x Triticosecale*

Wollband (Lehner) · Geschenkanhänger · Strohrömer · Haften (BUCO) · Splittstab

schwarzer Frischblumensteckschaum-Zylinder mit schwarzer Kunststoffschale, Papierklebeband, Heißkleber (alles OASIS® Floral Products)

Zeit 12 min · **Höhe** 18 cm · **Durchmesser** 24 cm

Dekorationselemente im Bild: Tasse (ASA) · Kerzenhalter (Hübsch)

» 1 Zwei Strohrömer aufeinanderlegen und mit einem Splittstab verbinden. Klebeband kreuzförmig über die untere Kranzöffnung kleben und die gewässerte Frischblumensteckschaum-Schale einsetzen. 2 Alles mit Wollband umwickeln, dabei jedes Mal den Wollstreifen in der Mitte einmal um sich selbst drehen. Die Bandenden mit Haften festmachen. 3 Wollband etwas zur Seite schieben und in die Zwischenräume die Werkstoffe einstecken.

1

2

3

» Zu den Produkten von Smithers-Oasis siehe Seite 66–67.

Clematis vitalba · *Sempervivum* Cultivars · *Thymus vulgaris* · Maulbeerbaumrinde (Lino) · Schwemmholz · Moos · Ast

Tontopf · Twistdraht, Wickeldraht, Steckdraht, Deko-Stecker (alles BUCO)

Zeit 18 min · **Höhe** 150 cm · **Breite** 45 cm · **Tiefe** 15 cm

TRAUMFÄNGER für den Garten

Clematis vitalba · *Dipsacus fullonum* · *Muehlenbeckia complexa* · Baumstammscheibe · Maulbeerbaumrinde (Lino)

Schnur · Gestaltungsrahmen (BUCO)

Zeit 15 min · **Tiefe** 5 cm · **Durchmesser** 40 cm

alle Angaben für ein Werkstück

» 1 In die Baumstammscheibe ein Loch bohren. 2 Die Scheibe mit Schnüren innerhalb des runden Gestaltungsrahmens einspannen, sodass eine Art Webrahmen entsteht. Die Schnur dabei immer durch das Loch der Baumscheibe führen und um den Rahmen ziehen. 3 Werkstoffe in den Rahmen einweben und Band zum Aufhängen festknoten.

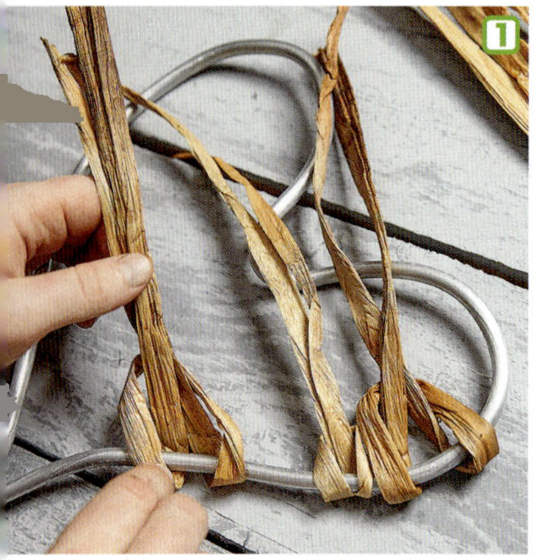

1 Eingeweichte Wasserhyazinthenstränge in Schlaufen am Gestell befestigen. 2 Die Enden immer miteinander verknoten, sodass eine netzartige Struktur entsteht. Eventuell jeweils mit Tackernadeln fixieren. 3 Tontopf mit einknoten, den Ast anbohren und den Stecker als Verlängerung darin einstecken. Nun den Tontopf bepflanzen.

Eichhornia crassipes · Sempervivum Cultivars · Ast

Deko-Stecker Herz, Tackernadeln (beides BUCO) · Tontopf

Zeit 18 min · **Höhe** 130 cm · **Breite** 32 cm · **Tiefe** 17 cm

alle Angaben für ein Werkstück

Daucus carota · *Dipsacus fullonum* · *Eichhornia crassipes* · *Hydrangea petiolaris* · Maulbeerbaumrinde (Lino)

Gestaltungsrahmen Herz, Aluminiumdraht, Tackernadeln (alles BUCO) · Kordel · Schnur

Zeit 15 min · **Höhe** 72 cm · **Breite** 38 cm · **Tiefe** 8 cm

alle Angaben für ein Werkstück

Actinidia deliciosa · Ast

Twistdraht, Aluminiumdraht, Gestaltungsrahmen (alles BUCO) · Wolle (Lehner)

Heißkleber (OASIS® Floral Products)

Zeit 18 min · **Höhe** 125 cm · **Breite** 57 cm · **Tiefe** 15 cm

Dipsacus fullonum · *Hydrangea petiolaris* · *Muehlenbeckia complexa* · Maulbeerbaumrinde (Lino) · Zweig · Stein

Twistdraht, Gestaltungsrahmen, Wickeldraht, Tackernadeln (alles BUCO) · Wolle (Lehner) · Kordel

Zeit 18 min · **Höhe** 92 cm · **Breite** 36 cm · **Tiefe** 8 cm

alle Angaben für ein Werkstück

1 Den Gestaltungsrahmen zu einer Raute biegen. 2 Dann einen Zweig in der Mitte fest rödeln. 3 Die Werkstoffe durch den Rahmen weben, dabei die Maulbeerbaumrinde teilweise mit Tackernadeln fixieren. Kordel zum Aufhängen befestigen, die Karde usw. einflechten und zum Schluss den Stein andrahten und befestigen.

» Zu den Produkten von BUCO siehe Seite 68–69.

Tischdekoration MIT DAHLIEN

Berberis vulgaris · *Castanea sativa* · *Clematis* Cultivar · *Corokia cotoneaster* · *Corylus avellana* · *Dahlia* Cultivar · *Euphorbia amygdaloides var. robbiae* · *Gomphrena globosa* · *Nigella damascena* · Laub

Wickeldraht, Wellendrahtring (beides BUCO) · Schnur · Glasröhrchen

Zeit 18 min · **Höhe** 20 cm · **Durchmesser** 32 cm

Dekorationselemente im Bild: Weingläser (Zwiesel) · Geschirr (ASA) · Wassergläser (Hübsch)

Castanea sativa · *Clematis* Cultivar · *Dahlia* Cultivar · *Daucus carota* · *Heuchera micrantha* · *Nigella damascena* · *Sanguisorba officinalis* · Laub

Wickeldraht, Wellendrahtring (beides BUCO) · Schnur · Glas · Gardinenring · Gummiring

Heißkleber (OASIS® Floral Products)

Zeit 18 min · **Höhe** 32 cm · **Durchmesser** 28 cm

Dekorationselemente im Bild: Weingläser (Zwiesel) · Geschirr (ASA) · Wassergläser (Hübsch)

1 Den Wellendrahtring mit Schnur umwickeln, dann die Gummiringe kreuzweise über den Ring spannen und dabei das Glas einklemmen und mit Wickeldraht fixieren. 2 Die Schnur ebenfalls um das Glas herum wickeln. 3 Den Gardinenring mit Schnur umwickeln und als Fuß unter das Glas kleben. Dann die Herbstfrüchte in den Zwischenraum einklemmen, das Glas mit Waser füllen und die Blüten einstellen.

1

2

3

Amaranthus blitum · *Astrantia major* · *Dahlia* Cultivar · *Daucus carota* · *Gomphrena globosa* · *Heuchera micrantha* · *Hydrangea macrophylla* · *Quercus robur*

Gefäß · Schnur · Gummiring · Wickeldraht (BUCO)

Zeit 10 min · **Höhe** 36 cm · **Durchmesser** 32 cm

Dekorationselemente im Bild: Weingläser (Zwiesel) · Geschirr (ASA) · Wassergläser (Hübsch)

1 Mithilfe der Gummiringe werden die Blätter am Gefäßrand befestigt. 2 Die Bindestelle anschließend mit Schnur umwickeln und damit kaschieren. Den Wickeldraht abspulen, knäulen und als alternative Steckhilfe in das Gefäß einklemmen. 3 Nun Wasser auffüllen und die Floralien einstellen.

1

2

3

Amaranthus blitum · Astrantia major · Berberis vulgaris · Dahlia Cultivar · Gomphrena globosa · Heuchera micrantha · Hydrangea macrophylla · Muehlenbeckia complexa

Gefäß (D&M)

Hühnerdraht (OASIS® Floral Products)

Zeit 18 min · **Höhe** 38 cm · **Durchmesser** 40 cm

Dekorationselemente im Bild: Weingläser (Zwiesel) · Geschirr (ASA) · Wassergläser (Hübsch)

Amaranthus blitum · *Astrantia major* · *Dahlia* Cultivar · *Gomphrena globosa* · *Muehlenbeckia complexa* · *Nigella damascena* · Laub

Wickeldraht, Zierdraht (beides BUCO) · Glasgefäß (DutZ Collection)

Zeit 12 min · **Höhe** 38 cm · **Durchmesser** 14 cm

Dekorationselemente im Bild: Weingläser (Zwiesel) · Geschirr (ASA)

Castanea sativa · *Clematis vitalba* · *Dahlia* Cultivar · *Gomphrena globosa* · *Muehlenbeckia complexa* · *Quercus robur*

Wickeldraht, Zierdraht (beides BUCO) · Glasröhrchen

Zeit 18 min · **Höhe** 23 cm · **Breite** 35 cm · **Tiefe** 18 cm

Dekorationselemente im Bild: Weingläser (Zwiesel) · Geschirr (ASA) · Wasserglas (Hübsch)

1 Wickeldraht abspulen und zu einer Rolle formen. 2 *Muehlenbeckia* um die Drahtrolle wickeln und mit Zierdraht fixieren. 3 Dann das Eichenlaub locker aufwickeln. Nun die Glasröhrchen in der Rolle einklemmen, mit Wasser befüllen und mit den Floralien ergänzen.

1

2

3

Wand-Objekte IM NATUR-LOOK

Eucalyptus robusta · *Hydrangea aborescens 'Anabell'* · *Xerochrysum bracteatum*

Holzleim · Holzplatte · Stecknadeln

Polystyrol-Ring, wasserbasiertes Farbspray, Heißkleber (alles OASIS® Floral Products)

Zeit 25 min · **Höhe** 60 cm · **Breite** 60 cm · **Tiefe** 14 cm

Dekorationselemente im Bild: Glasvasen (DutZ Collection) · Schale, Keramikvase (beides ASA)

Lagurus ovatus · *Miscanthus sinensis*
Haften (BUCO) · Gips
Trockenblumensteckschaum-Ring (OASIS® Floral Products)
Zeit 28 min · **Höhe** 8 cm · **Durchmesser** 90 cm
Dekorationselemente im Bild: Couch (KFF)

1 Ring an der äußeren Seite entlang mit *Lagurus* bestecken. 2 *Miscanthus*-Blüten mit Haften auf dem Ring befestigen. 3 Mit dem Spachtel Gips auf den Ring auftragen, sodass eine interessante Struktur entsteht.

Ammobium alatum · *Carlina acaulis* · *Eichhornia crassipes* · *Limonium tetragonum* · *Papaver somniferum* · *Phalaris canariensis* · *Ruscus hypophyllum* · *Xerochrysum bracteatum* · Botao Branco

Pappe · Stecknadeln · Bildösen

Heißkleber, Trockenblumensteckschaum-Ziegel, Polystyrol-Kugel (alles OASIS® Floral Products)

Zeit 20 min · **Höhe** 11 cm · **Durchmesser** 25 cm

alle Angaben für den braunen Kranz

Ammobium alatum · *Limonium tetragonum* · *Nigella damascena* · *Papaver somniferum* · *Phalaris canariensis* · *Xerochrysum bracteatum* · Trockenranke · Botao Branco

Wolle (Lehner) · Pappe · Stecknadeln · Bildösen

Heißkleber, Trockenblumensteckschaum-Ziegel, Polystyrol-Kugel (alles OASIS® Floral Products)

Zeit 15 min · **Höhe** 12 cm · **Durchmesser** 17 cm

alle Angaben für den weißen Kranz

Dekorationselemente im Bild: Kommode, Vase (beides Nordal) · Schale (ASA)

1 Polystyrolkugel aufschneiden, sodass ein Ring entsteht. 2 Diesen Ring mit eingeweichten Wasserhyazinthensträngen bewickeln, dabei die Enden mit Nadeln feststecken. 3 Aus Pappe einen Kreis in der Größe des Ringes ausschneiden und unter dem Ring festkleben. Steckschaum zurechtschneiden und auf die Pappe kleben. Dann die Werkstoffe in den Steckschaum einstecken und Bildösen zum Aufhängen auf der Rückseite festkleben.

oben links: *Ammobium alatum* · *Daucus carota* · *Lagurus ovatus* · *Ruscus hypophyllum* · *Xerochrysum bracteatum* · trockene Gräser

oben rechts: *Ammobium alatum* · *Eichhornia crassipes*

unten links: Botao Branco · Palmblatt

unten rechts: *Eichhornia crassipes* · *Papaver somniferum* · *Lagurus ovatus* · *Ruscus hypophyllum* · *Eryngium* Cultivar · Botao Branco

Holzbretter · Bildösen

Trockenblumensteckschaum-Ziegel, Trockenblumensteckschaum-Zylinder, Heißkleber (alles OASIS® Floral Products)

Zeit 12 min · **Höhe** 30 cm · **Breite** 20 cm · **Tiefe** 10 cm (Maßangaben für ein Werkstück)

Dekorationselemente im Bild: Couch (KFF)

Briza media · *Dipsacus fullonum* · *Hydrangea aborescens 'Anabell'* · *Lagurus ovatus* · *Limonium tetragonum* · *Nigella damascena* · *Stipa barbata* · *Xerochrysum bracteatum* · Trockengräser

Holzbrett · Bildösen

Trockenblumensteckschaum-Platte, Heißkleber, wasserbasiertes Farbspray (alles OASIS® Floral Products)

Zeit 25 min · **Höhe** 50 cm · **Breite** 40 cm · **Tiefe** 15 cm

Dekorationselemente im Bild: Kommode, Vase, Kerzenhalter (alles Nordal) · bauchige Vase (ASA)

Briza media · *Dipsacus fullonum* · *Hydrangea aborescens 'Anabell'* · *Lagurus ovatus* · *Limonium tetragonum* · *Nigella damascena* · *Stipa barbata* · *Xerochrysum bracteatum* · *Zea mays*

Haften (BUCO) · Holzbrett

Heißkleber, Trockenblumensteckschaum-Ziegel (beides OASIS® Floral Products)

Zeit 25 min · **Höhe** 50 cm · **Breite** 40 cm · **Tiefe** 15 cm

Dekorationselemente im Bild: Tasse (ASA) · Keramikvase (Nordal) · Glasvase (DutZ Collection)

1

2

3

1 Trockenblumensteckschaum-Ziegel längs halbieren.
2 Einen Teil aufs Brett aufkleben.
3 Maisblätter parallel auf den Steckschaum haften, dabei eine organische Öffnung freilassen und diese mit den Werkstoffen ausstecken.

» Zu den Produkten von Smithers-Oasis siehe Seite 66–67.

Liebevolles GEDENKEN

Dianthus barbatus 'Green Tick' · *Eucalyptus gunnii* · *Leontopodium* Cultivar · *Nelumbo nucifera* · *Papaver somniferum* · *Pinus strobus* · *Protea repens* · Schoten · Baumpilze

Band (Goldina Da Vinci artfleur) · Kreuz-Anhänger · Holzbohle · Efeuhaften, Steckdraht, Bindedraht (alles BUCO) · Schrauben

OASIS® TerraBrick™ Floral Media (OASIS® Floral Media)

Zeit 20 min · **Höhe** 44 cm · **Breite** 45 cm · **Tiefe** 18 cm

Carlina acaulis · *Eichhornia crassipes* · *Hypericum* Cultivar · *Larix decidua* · *Nelumbo nucifera* · *Picea abies* · *Protea repens* · *Sempervivum* Cultivar · Moos · Flechte · Zweige

Steckdraht, Myrtendraht (beides BUCO) · Splittstäbe · Holzspießchen

OASIS® TerraBrick™ Floral Media (OASIS® Floral Media)

Zeit 20 min · **Höhe** 18 cm · **Breite** 45 cm · **Tiefe** 20 cm

1 Vier TerraBrick™-Ziegel wässern und mittels Splittstäben zu einem Quadrat verbinden. 2 Die trockenen Wasserhyazinthentriebe in Wasser einweichen, anschließend zu Schlingen legen, diese andrahten und als Umrandung in die Steckfläche stecken. 3 Weitere Floralien hinzufügen, dabei ggf. mit einem Splittstab die Stecklöcher vorbohren oder die Floralien andrahten und einstecken. *Sempervivum* austopfen, einzelne Rosetten auf Holzspießchen stecken und diese ebenfalls hinzufügen.

1

2

3

Chamaecyparis obtusa 'Nana Gracilis' · *Clematis* 'Amazing®Kibo' (Marginpar) · *Clematis vitalba* · *Dianthus barbatus* 'Green Tick' · *Dianthus caryophyllus* · *Eucalyptus gunnii* · *Hypericum* Cultivar · *Leontopodium* Cultivar · *Papaver somniferum* · *Sempervivum* Cultivar · Moos · Baumpilz

Bindedraht, Efeuhaften, Myrtendraht, Steckdraht (alles BUCO) · Holzspießchen · Band

OASIS® BIOLIT® NatureSource™ Ring mit kompostierbarer Recyclingkarton-Unterlage (OASIS® Floral Products)

Zeit 45 min · **Breite** 55 cm · **Tiefe** 19 cm

1 Den NatureSource™-Ring zum Wässern auf eine große Wasserfläche in einer Schale legen und warten, bis er sich von alleine vollgesogen hat. 2 Baumpilze mit Efeuhaften auf dem Ring anbringen. Kleine Moos-Polster im Wurzelbereich mit Myrtendraht umwickeln, andrahten und in die Unterlage stecken. 3 *Sempervivum* austopfen und einzelne Rosetten mittels Holzspießchen ebenfalls in die Steckunterlage stecken. Die übrigen Floralien hinzufügen, *Clematis*-Ranke umwinden, locker auf das Werkstück legen, punktuell mit Draht fixieren und das Band an die Ranke knoten.

Akebia quinata · *Dianthus caryophyllus* · *Eucalyptus polyanthemos* · *Nelumbo nucifera* · *Pinus mugo* · *Sempervivum* Cultivar · Moos

Haften, Myrtendraht, Steckdraht (alles BUCO) · Holzspießchen

OASIS® BIOLIT® NatureSource™ Ring mit kompostierbarer Recyclingkarton-Unterlage (OASIS® Floral Products)

Zeit 25 min · **Höhe** 15 cm · **Durchmesser** 40 cm

Ammi majus · *Brunia laevis* · *Chamaecyparis obtusa* 'Nana Gracilis' · *Eucalyptus gunnii* · *Leontopodium* Cultivar · *Nelumbo nucifera* · *Papaver somniferum* · *Pinus mugo* · Moos

Steckdraht · Myrtendraht (beides BUCO) · Lederschnur

Frischblumensteckschaum-Herz mit Recyclingkarton-Unterlage (OASIS® Floral Products)

Zeit 20 min · **Höhe** 15 cm · **Breite** 40 cm

Akebia quinata · *Brunia laevis* · *Carlina acaulis* · *Parajubaea cocoides* · *Sempervivum* Cultivar · Lilienkapseln · Rinde · Moos · Baumpilze

Tackernadeln, Wickeldraht, Steckdraht (alles BUCO) · Holzbrett

OASIS® NatureSource™ Blumensteckschaum, Hühnerdraht (beides OASIS® Floral Products)

Zeit 20 min · **Höhe** 24 cm · **Breite** 50 cm · **Tiefe** 27 cm

1 Den Hühnerdraht auf der Rückseite eines Brettes auf einer Seite mittels Tackernadeln befestigen. 2 Den gewässerten NatureSource™-Ziegel auf die Vorderseite unter den Hühnerdraht legen und die andere Seite des Hühnerdrahtes ebenfalls auf der Brettrückseite festtackern. 3 Dann die Rindenstücke auf Wickeldraht zu einer Kette auffädeln. Diese Kette als Rand um den Ziegel legen und fixieren. Mit weiteren angedrahteten Rindenstücken die Zwischenräume ausfüllen. Anschließend die restlichen Floralien ebenfalls andrahten und in das Werkstück einarbeiten. Zum Schluss die Ranken locker umlegen und fixieren.

1

2

3

Chamaecyparis obtusa 'Nana Gracilis' · *Clematis* 'Amazing®Kibo' (Marginpar) · *Eucalyptus gunnii* · *Hypericum* Cultivar · *Larix decidua* · *Leontopodium* Cultivar · *Pinus mugo* · *Sempervivum* Cultivar · Geweihholz · Moos

Steckdraht, Myrtendraht, Wickeldraht (alles BUCO) · Holzspießchen

Frischblumensteckschaum-Kreuz mit Recyclingkarton-Unterlage (OASIS® Floral Products)

Zeit 19 min · **Höhe** 15 cm · **Breite** 35 cm · **Tiefe** 50 cm

1 Die Kreuz-Steckunterlage wässern. Kleine Moos-Polster im Wurzelbereich mit Myrtendraht umwickeln, andrahten und in die Unterlage stecken. Die anderen Floralien hinzufügen. 2 *Sempervivum* austopfen und einzelne Rosetten mittels Holzspießchen ebenfalls in die Steckunterlage stecken. 3 Aus Geweihholz ein Kreuz fertigen, dieses auflegen und auf der Steckunterlage fixieren.

Ammi majus · *Carlina acaulis* · *Dianthus barbartus* 'Green Tick' · *Hypericum* Cultivar · *Leontopodium* Cultivar · *Nelumbo nucifera* · *Parajubaea cocoides* · *Pinus strobus* · *Sempervivum* Cultivar · Korkrinde · Moos · Baumpilze · Flechte · Zweige

Tackernadeln, Wickeldraht, Steckdraht, Efeuhaften (alles BUCO)

OASIS® NatureSource™ Blumensteckschaum, Hühnerdraht (beides OASIS® Floral Products)

Zeit 20 min · **Höhe** 25 cm · **Breite** 30 cm

» Zu den Produkten von Smithers-Oasis siehe Seite 66–67.

AUSDRUCKSSTARKE Sträuße

Dahlia Cultivar 'Ivannetti' · *Euonymus europaeus* · *Hydrangea macrophylla* 'Magical Dark Ruby' · *Rosa* Cultivar 'Upper Secret' · *Sedum spectabile*

Vase (Gasper) · Bindebast

Zeit 15 min · **Höhe** 80 cm · **Durchmesser** 100 cm

Dekorationselemente im Bild: Teppich (Lehner)

Allium sphaerocephalon · *Celastrus orbiculatus* · *Crocosmia masoniorum* · *Dahlia* Cultivar · *Euonymus europaeus* · *Hydrangea paniculata* · *Physalis alkekengi* · *Rosa* Cultivar 'Dolcetto' · *Rosa multiflora* · *Rosa rugosa*

Vase (DutZ Collection) · Bindebast

Zeit 15 min · **Höhe** 75 cm · **Durchmesser** 85 cm

Acer japonicum · *Ananas lucidus* · *Dahlia* Cultivar · *Hydrangea paniculata* · *Leucadendron rubrum* · *Nigella sativa* · *Pennisetum alopecuroides* · *Rosa* 'Pumpkin' · *Spiraea japonica* · *Vanda* Cultivar

Vase (DutZ Collection) · Bindebast

Zeit 15 min · **Höhe** 55 cm · **Durchmesser** 60 cm

Dekorationselemente im Bild: Gefäß mit Deckel (Gina Da by Ceramics Limburg)

Amaranthus caudatus · Astilbe x arendsii 'Else Schluck' · *Brassica oleracea · Hydrangea macrophylla* 'Magical Dark Ruby' · *Nigella sativa · Rosa multiflora · Rosa rugosa · Sedum spectabile · Xerochrysum bracteatum*

Vase (DutZ Collection) · Bindebast

Zeit 20 min · **Höhe** 56 cm · **Durchmesser** 62 cm

Dekorationselemente im Bild: Teppich (Lehner)

Amaranthus caudatus · *Astrantia major* · *Dahlia* Cultivar · *Hydrangea macrophylla* 'Magical Dark Ruby' · *Sedum spectabile* · *Xerochrysum bracteatum* · Zweige

Vase (DutZ Collection) · Bindebast

Zeit 15 min · **Höhe** 80 cm · **Durchmesser** 80 cm

Allium sphaerocephalon · *Ammi majus* · *Astilbe x arendsii* 'Else Schluck' · *Chysanthemum x grandiflorum* · *Dahlia* Cultivar · *Nigella sativa* · *Rosa* Cultivar 'Dolcetto' · *Sedum spectabile* · *Zantedeschia* Cultivar 'Captain Promise'

Vase (DutZ Collection) · Bindebast

Zeit 20 min · **Höhe** 80 cm · **Durchmesser** 20 cm

Asclepias tuberosa · *Dahlia* Cultivar · *Daucus carota* 'Dara' · *Dianthus barbatus* · *Hydrangea macrophylla* 'Magical Dark Ruby' · *Nerine bowdenii* · *Physalis alkekengi* · *Rumohra adiantiformis* · Zweige

Vase (DutZ Collection) · Bindebast

Zeit 15 min · **Höhe** 100 cm · **Durchmesser** 80 cm

Dekorationselemente im Bild: Gefäße (Gina Da by Ceramics Limburg)

Allium sphaerocephalon · *Amaranthus caudatus* · *Curcuma alismatifolia* 'Siam Solar' · *Phlebodium* 'Blue Star' · *Pyracantha coccinea* · *Rosa* Cultivar 'Isi' · *Sedum spectabile* · *Zantedeschia* Cultivar 'Captain Promise' · Zweige

Vase (DutZ Collection) · Bindebast

Zeit 15 min · **Höhe** 80 cm · **Durchmesser** 50 cm

Farbenfrohes PURPURGLÖCKCHEN

Purpurglöckchen ist ihr deutscher Name. Dabei wartet die *Heuchera* mit viel mehr Farben auf, was sie zu einer attraktiven Blattschmuckpflanze macht, die auch durch ihre zarten Blütentriebe ziert.

Heuchera micrantha 'Amber waves' · *Heuchera micrantha* 'Tapestry' · *Heuchera micrantha* 'Timless night' · Zweige Schnur · Gefäß (D&M) · Pflanzerde · Drainagematerial

Zeit 18 min · **Höhe** 50 cm · **Breite** 110 cm · **Tiefe** 82 cm

Dekorationselemente im Bild: Gefäße (D&M)

Heuchera micrantha 'Amber waves'

Heuchera micrantha 'Lime Marmelade'

Cornus alba · *Heuchera micrantha* 'Lime Marmelade' · *Salix babylonica* · Baumstammscheibe

Rebenbindedraht (BUCO) · Gefäß (D&M) · Pflanzerde

Zeit 15 min · **Höhe** 37 cm · **Durchmesser** 25 cm

alle Angaben für das rechte Werkstück

1

2

3

1 In eine Baumstammscheibe entlang des Randes im Abstand von ca. drei Zentimeter Löcher bohren. 2 Dann dort die Hartriegelzweige hineinstecken. 3 Anschließend die Weidenzweige durch die Hartriegelzweige flechten und teilweise mit Draht fixieren. Den Topf einstellen, mit der Pflanzerde befüllen und mit *Heuchera* bepflanzen.

[1] Mehrere Ringe mit Rebenbindedraht verbinden, sodass eine Kugel entsteht. [2] Dann das Wellendrahtring-Gerüst mit Ranken umwickeln. [3] Diese mit der Schnur fixieren. Nun das Gefäß einstellen, mit der Pflanzerde befüllen und mit *Heuchera* bepflanzen.

Die Weidenzweige werden mithilfe von Draht zu einem Ring gewunden. Weitere Weidenzweige dann bogenförmig in den Ring einklemmen, sodass ein korbartiges Gerüst entsteht, sowie weitere durch das Gerüst flechten, bevor das Gefäß eingestellt, mit der Pflanzerde befüllt und mit *Heuchera* bepflanzt wird.

Cornus alba · *Heuchera micrantha* 'Stoplight' · *Heuchera micrantha* 'Tapestry' · *Heuchera micrantha* 'Timless night' · Trockenzweige mit Fruchtschmuck

Tontopf · Drahtmäuse · Pflanzerde

Zeit 18 min · **Höhe** 40 cm · **Durchmesser** 48 cm

alle Angaben für ein Werkstück

Die Drahtmäuse auseinanderziehen und zu einem Kranz formen. Das Keramikgefäß hier hineinstellen. Nun Zweige kreuz und quer in das Drahtgewirr einklemmen, den Topf mit der Pflanzerde befüllen und mit *Heuchera* bepflanzen.

Heuchera micrantha 'Stoplight' · Trockenzweig mit Fruchtschmuck

Gefäß (D&M) · Pflanzerde

Hühnerdraht (OASIS® Floral Products)

Zeit 15 min · **Höhe** 45 cm · **Durchmesser** 35 cm

Dekorationselemente im Bild: Übertopf (D&M)

1 Ein rechteckiges Stück Hühnerdraht zu einem korbartigen Gebilde biegen. 2 Hier das Gefäß einstellen. 3 Dann die Zweige in das Drahtgeflecht einklemmen, sodass das Gefäß umspielt wird. Dieses anschließend mit der Pflanzerde befüllen und mit *Heuchera* bepflanzen.

1

2

3

Sternreiche Weihnachten

Erfolgreich mit den neuen Werbemitteln in die Weihnachtssaison

GRATIS-WERBEMITTEL-PAKETE IM SHOP SICHERN.

Motiv: Sternenrot

Motiv: Besondere Sternstunden

Motiv: Sternreich am Baum

Posterserie

Format: DIN A1, 3 Motive im Set oder einzeln erhältlich, Preis: **Gratis!**

Dekobanner „Sternreich"

Format: 0,8 x 1,8 m, einseitig bedruckt, Preis/Stück: **Gratis!**

Gewinnspielposter

Format: DIN A2, Preis/Stück: **Gratis!**

Geschenkanhänger

Format: ca. 12 x 5 cm, konturgestanzt, Preis/100 Stück: **Gratis!**

Gewinnspiel-Teilnahmekarte

Format: 23,5 x 12,5 cm, Preis/100 Stück: **Gratis!**

BESTELLSCHLUSS: 18.09.2022

Großformatig werben zu attraktiven Preisen dank EU-Förderung

Großfläche

Format 3,56 x 2,52 m, in 4er-Teilung, Preis/Stück: **39,90 €**, Firmeneindruck farbig, unten rechts: einmalig **80 €**

HIER KÖNNTE IHR FIRMENEINDRUCK STEHEN.

Motiv: Glückseligkeit

HIER KÖNNTE IHR FIRMENEINDRUCK STEHEN.

Motiv: Purer Sternenglanz

Motiv: Sternreiche Freude

Großbanner

Lieferbare Motive: „Glückseligkeit", „Purer Sternenglanz" und „Sternreiche Freude"
XXL-Format – 3,5 x 2,5 m:
159 € (Stoff) oder **109 €** (Mesh/PVC)
XL-Format – 2,8 x 2 m:
102,50 € (Stoff) oder **69 €** (Mesh/PVC)
L-Format – 2,25 x 1,6 m:
65 € (Stoff) oder **44,50 €** (Mesh/PVC)
Firmeneindruck, farbig, unten rechts:
einmalig **80 €**

Jetzt bestellen:
Online im Shop unter
www.sfe-shop.com
oder telefonisch unter der
0800 0 256667

Pflanzenpflegestecker

Format: ca. 6 x 13 cm, konturgestanzt,
Preis/100 Stück: **Gratis!**

ENJOY IT'S FROM EUROPE

MIT MITTELN DER EUROPÄISCHEN UNION FINANZIERTE KAMPAGNE.

Weihnachtliche

FLORISTIK-IDEEN

Klaus Wagener, Team BLOOM's

Adventskränze gestalten

Über 60 Ideen von klassisch bis modern

144 Seiten, Format 24 x 28 cm,
Text deutsch/englisch, Hardcover
€ (D) 29,90 | € (A) 30,80 | SFR (CH) 37,90
ISBN 978-396563-093-2

Mehr Infos und Leseprobe unter:
blooms.de/adventskränze-gestalten

„Adventskränze gestalten" präsentiert kreative und innovative Kranzideen in fünf unterschiedlichen Styles:

- Zart in Pastelltönen
- Traditionell in Rot-Grün
- Natürlich in Grün mit Naturmaterialien
- Prachtvoll mit pompöser Ausstattung
- Elegant in Weiß

Eines haben alle Themen gemeinsam: Sie inspirieren zum Selbermachen! Die Grundtechniken der Kranzgestaltung werden ausführlich in Bild und Text erläutert, damit der wichtigste Begleiter durch die Adventszeit sicher gelingt.

BLOOM's

BLUMIGER LIFESTYLE – LEBENSGENUSS
MIT BLUMEN UND PFLANZEN

Giulia Seibel, Team BLOOM's

Winterliche Sternstunden

62 DIY-Ideen – Sterne für Advent & Weihnachten

144 Seiten, Format 24 x 28 cm,
Text deutsch, Hardcover
€ (D) 19,90 | € (A) 20,50 | SFR (CH) 24,90
Erscheint Mitte September 2022
ISBN 978-396563-092-5

Mehr Infos und Leseprobe unter:
blooms.de/wintersternstunden

Das Buch **„Winterliche Sternstunden"** widmet sich vollkommen der abwechslungsreichen Inszenierung der Sternenform zu Advent und Weihnachten. Ob groß oder klein, ganz natürlich oder ausgefallen – die Ideen setzen den Stern immer wieder neu in Szene. Neben Gestecken für den Tisch, schmückenden Anhängern für den Weihnachtsbaum, Wanddekorationen und hängenden Varianten werden auch XXL-Sterne für den ganz großen Auftritt präsentiert. In jedem Kapitel stehen andere Materialien im Fokus, die den Stern stets neu interpretieren. Schritt-für-Schritt-Anleitungen und großzügige Detailbilder mit nützlichen Tipps ermöglichen auch Anfängern das einfache Nachmachen, um das eigene Zuhause mit Sternen aller Art zu schmücken.

VERKAUFSKONZEPT IN KW 38 – 39

HERBSTKUNST

Landgard®

HÖCHSTE QUALITÄT - MIT LIEBE AUSGESUCHT

Wenn die Tage langsam dunkler und grauer werden, bringt das Konzept „Herbstkunst“ noch einmal Farbe in den Garten und die Wohnung. Hochwertige Saisonklassiker wie Callunen, das Herbstzauber™-Sortiment, Astern, *Brassica,* Chrysanthemen und *Calocephalus,* die mit Liebe ausgesucht wurden, fangen in warmen Tönen das besondere Licht dieser Jahreszeit ein. So entstehen in Kombination mit natürlichen Materialien stimmungsvolle Kunstwerke in den schönsten Farben des Herbstes.

1. DECKENHÄNGER
Runder Deckenhänger als verspielte Dekoration am POS

- 50 cm Durchmesser
- Hohlkammerplatte
- 4/4-farbig
- konturgeschnitten mit zwei Bohrlöchern oben

2. TISCHAUFSTELLER METALLFUSS
Tischaufsteller mit edlem Metallfuß aus Edelstahl

- 45 x 70 cm, 4/4, inkl. Edelstahlfuß 21 0x 45 x 100 cm
- 10 mm Hartschaumplatte
- 4/4-farbig

3. TISCHSCHÜRZE
Tischschürze zur Dekoration von Präsentationstischen

- 1050 x 25 cm, Klettband und Flauschband 2,5 cm oben
- 4/0-farbig

4. THEKENAUFSTELLER
Thekenaufsteller aus Acrylglas

- DIN A3, Acrylglas 2 mm
- inkl. 1 Stück, DIN A3-Plakat 4/4-farbig, 250g glänzend

5. DECKENBANNER
Großformatiger Deckenbanner im Querformat

- 300 x 150 cm
- Fahnenstoff
- 4/0-farbig

6. HISSFLAGGE
Hissflagge für die Outdoor-Werbung

- 150 x 400 cm
- Fahnenstoff
- Druck scheint spiegelverkehrt durch

7. TISCHAUFSTELLER DREISEITIG
Aufsteller für den POS

- Format offen 70 x 70 cm, rückseitig gefalzt, 3-seitig zu je 22,5 x 70 cm zzgl. 2,5 cm Lasche, inkl. doppelseitigem Klebeband
- 4/0-farbig

» Zur floristischen Verwendung der Produkte siehe Seite 04–13.

8. PLAKAT
Konzeptplakat im Hochformat
- DIN A1, 135 g/m²
- 4/0-farbig

8.

9.

11.

10.

9. DEKOBANNER
Dekobanner als Bestandteil der Präsentation am POS
- 80 x 190 cm, Hohlsaum oben und unten
- 4/4-farbig
- alternativ mit Stab und Kordel

10. POSTKARTE
Konzept-Postkarte zum Mitnehmen
- DIN A6
- 300 g/m² Chromokarton mit 1,4-fachem Volumen
- 4/4-farbig

11. 18/1 PLAKAT
XXL-Plakat für besonders große Flächen
- 356 x 252 cm
- 120 g/m² Affichen
- 4/0-farbig

PFLANZENPORTFOLIO

Topfpflanzen
- *Aster novi-belgii*
- *Calluna*
- Herbstzauber™-Sortiment
- *Brassica*
- *Chrysanthemum*
- *Calocephalus/ Leucophyta brownii*

Schnittblumen
- Hagebuttenrose
- *Chrysanthemum* (Chr E Pip)
- Eichenlaub gefärbt

Abgestimmt zu den Konzepten werden in jedem C&C Markt passende Topf-Pflanzen, Convenience-Artikel sowie Schnittblumen und Dekoartikel angeboten.

Floristikbedarf von Smithers-Oasis

NEU

OASIS® TerraBrick™ Floral Media

OASIS® TerraBrick™ Floral Media ist ein pflanzenbasiertes Naturprodukt: Es besteht aus nachwachsenden Naturkokosfasern und einem kompostierbaren Bindemittel. OASIS® TerraBrick™ Floral Media ist vom TÜV Österreich als OK compost HOME und OK compost INDUSTRIAL zertifiziert.
Art.-Nr. 10-20500

OASIS® NatureSource™ Maxlife Blumensteckschaum Ziegel

braun, aus 20 % biobasierten Rohstoffen* hergestellt (* DIN EN ISO 14021 weist 20 % biobasierte Inhaltsstoffe nach, davon sind 13 % nachgewiesener biobasierter Kohlenstoff nach DIN EN 16785-1, Prüfstelle TÜV Rheinland), 23 x 11 x 7,5 cm
1 Stück, Art.-Nr. 10-01121
10 Stück, Art.-Nr. 10-01122
20 Stück, Art.-Nr. 10-01100
35 Stück, Art.-Nr. 10-01101

OASIS® BIOLIT® NatureSource™ Ring/Kranz

braun, aus 20 % biobasierten Rohstoffen* hergestellt (* DIN EN ISO 14021 weist 20 % biobasierte Inhaltsstoffe nach, davon sind 13 % nachgewiesener biobasierter Kohlenstoff nach DIN EN 16785-1, Prüfstelle TÜV Rheinland), mit Unterlage aus 100 % recyceltem Altpapier, kompostierbar und biologisch abbaubar
H 5,5 cm, Ø 32 cm, Art.-Nr. 11-07008 (Ring)
H 5,5 cm, Ø 39 cm, Art.-Nr. 11-07009 (Ring)
H 6 cm, Ø 44,5 cm, Art.-Nr. 11-07010 (Kranz)

OASIS® BIOLIT® Herz

grün, mit brauner Unterlage aus 100 % recyceltem Altpapier, kompostierbar und biologisch abbaubar
17 x 17 x 4 cm, Art.-Nr. 11-07337
25,5 x 28 x 4 cm, Art.-Nr. 11-07334
33 x 34 x 5,5 cm, Art.-Nr. 11-07335

OASIS® BLACK Table Deco Mini

schwarz, schwarzer Papercompound-Unterlage, H 5 cm, B 9 cm, L 13 cm, Art.-Nr. 11-04050

OASIS® BLACK Junior Complet

schwarz, mit schwarzem Kunststoffgefäß, H 5 cm, Ø 12 cm, Art.-Nr. 11-03004

» Zur floristischen Verwendung der Produkte siehe Seite 14–19 und 32–45.

OASIS® BIOLIT® Kreuz

grün, mit brauner Unterlage aus 100 % recyceltem Altpapier, kompostierbar und biologisch abbaubar
42 x 26 x 4,5 cm, Art.-Nr. 11-07331
53 x 33 x 6 cm, Art.-Nr. 11-07332

OASIS® BLACK IDEAL Zylinder

schwarz
H 55 cm, Ø 8 cm, Art.-Nr. 11-01108
H 55 cm, Ø 12 cm, Art.-Nr. 11-01109
H 15 cm, Ø 12 cm, Art.-Nr. 11-01111

OASIS® BLACK IDEAL Kubus

schwarz, 10 x 10 x 10 cm, Art.-Nr. 11-01103

OASIS® BLACK IDEAL Block

schwarz
32 x 55 x 23 cm, Art.-Nr. 11-01104
32 x 23 x 18 cm, Art.-Nr. 11-01105

OASIS® SEC Ziegel

grau, farbstabil, leicht zu schneiden und zu bestecken
23 x 11 x 8 cm, Art.-Nr. 20-02302

OASIS® SEC Zylinder

grau, farbstabil, leicht zu schneiden und zu bestecken, H 5 cm, Ø 8 cm, Art.-Nr. 21-02390

OASIS® SEC SOLO Ring

grau, mit grauer Kunststoffunterlage
H 3 cm, Ø 20 cm, Art.-Nr. 21-02377
H 3,5 cm, Ø 25 cm, Art.-Nr. 21-02378
H 4 cm, Ø 30 cm, Art.-Nr. 21-23793

OASIS® SEC Platte

grau, farbstabil, leicht zu schneiden und zu bestecken
29 x 25 x 6 cm, Art.-Nr. 21-02347
29 x 25 x 12 cm, Art.-Nr. 21-02348

Draht- & Metallprodukte von BUCO

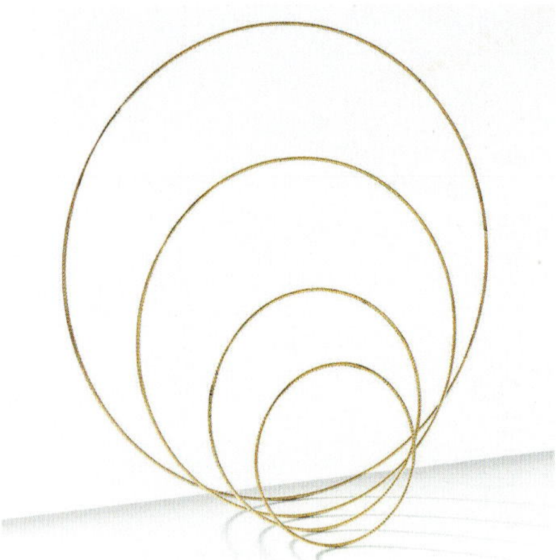

Gestaltungsrahmen

gold vermessingt, Stahl-Runddraht, Ø 6 mm
Ø 30 cm, Art.-Nr. 00730 08 30000
Ø 40 cm, Art.-Nr. 00730 08 40000
Ø 60 cm, Art.-Nr. 00730 08 60000

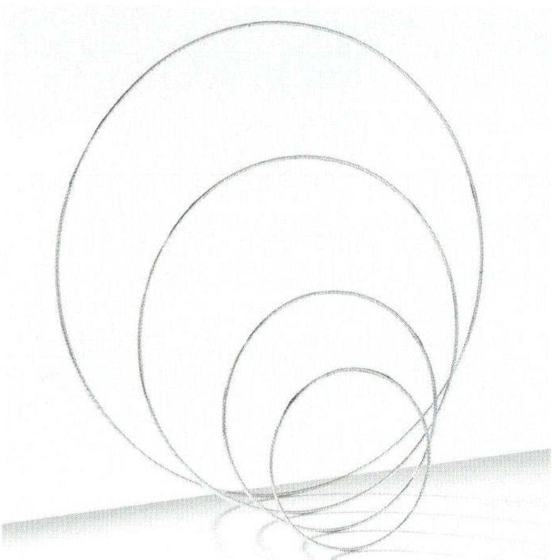

Gestaltungsrahmen

silber, Stahl-Runddraht, Ø 6 mm
Ø 30 cm, Art.-Nr. 00730 05 30000
Ø 40 cm, Art.-Nr. 00730 05 40000
Ø 60 cm, Art.-Nr. 00730 05 60000

Gestaltungsrahmen

weiß, Stahl-Runddraht, Ø 6 mm
Ø 30 cm, Art.-Nr. 00730 31 30000
Ø 40 cm, Art.-Nr. 00730 31 40000
Ø 60 cm, Art.-Nr. 00730 31 60000

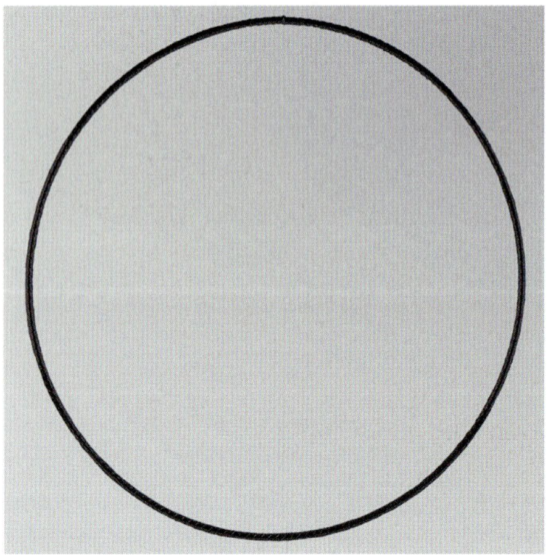

Gestaltungsrahmen

schwarz, Stahl-Runddraht, Ø 6 mm
Ø 30 cm, Art.-Nr. 00730 12 30000
Ø 40 cm, Art.-Nr. 00730 12 40000
Ø 60 cm, Art.-Nr. 00730 12 60000

Gestaltungsrahmen Herzform

weiß, Stahl-Runddraht, Ø 6 mm
24 cm, Art.-Nr. 00710 31 24000
37 cm, Art.-Nr. 00710 31 37000
56 cm, Art.-Nr. 00710 31 56000

Gestaltungsrahmen Herzform

schwarz, Stahl-Runddraht, Ø 6 mm
24 cm, Art.-Nr. 00710 12 24000
37 cm, Art.-Nr. 00710 12 37000
56 cm, Art.-Nr. 00710 12 56000

Gestaltungsrahmen Herzform

silber, Stahl-Runddraht, Ø 6 mm
24 cm, Art.-Nr. 00710 05 24000
37 cm, Art.-Nr. 00710 05 37000
56 cm, Art.-Nr. 00710 05 56000

Gestaltungsrahmen Herzform

gold vermessingt, Stahl-Runddraht, Ø 6 mm
24 cm, Art.-Nr. 00710 08 24000
37 cm, Art.-Nr. 00710 08 37000
56 cm, Art.-Nr. 00710 08 56000

» Zur floristischen Verwendung der Produkte siehe Seite 20–25.

Papier-Deko-Draht

natur, 100 m/Ring, 2,0 mm/0,4 mm,
Art.-Nr. 15110 32 20400

Papier-Deko-Draht

natur, 200 m/Rolle, 0,80 mm/0,4 mm,
Art.-Nr. 15010 32 08409

Papier-Deko-Draht

natur, 750 g m/Rolle, 1,0 mm/0,5 mm,
Art.-Nr. 15010 32 10500

Papier-Deko-Draht

weiß, 100 m/Ring, 2,0 mm/0,4 mm,
Art.-Nr. 15110 31 20400

Papier-Deko-Draht

natur, 500 g/Rolle, Draht-Ø 0,6 mm, Außen-Ø
mit Papier 1,5 mm, Art.-Nr. 15010 32 15600

Papier-Deko-Draht

grau, 100 m/Ring, 2,0 mm/0,4 mm,
Art.-Nr. 15110 54 20400

Papier-Deko-Draht

weinrot, 100 m/Ring, 2,0 mm/0,4 mm,
Art.-Nr. 15110 02 20400

Papier-Deko-Draht

schwarz, 100 m/Ring, 2,0 mm/0,4 mm,
Art.-Nr. 15110 12 20400

Weitere Farben sind auf Anfrage erhältlich.

BUCO®
der Draht

vom Braucke GmbH & Co KG
Zur Helle 28
58638 Iserlohn

Tel.: 02374 9790-0
Fax: 02374 9790-90
Mail: info@buco-wire.com
Website: buco-wire.com

IDEEN für das TAGESGESCHÄFT

Jede **PRAXIS**-Ausgabe bietet:

- 72 **Seiten** (DIN A4) mit mindestens **60 Floristikideen** für 2 Monate
- in den Kategorien: **Saisonfloristik, Geschenkefloristik, Floristik in Serie, Tischschmuck, Hochzeitsfloristik, Dauerhafte Floristik, Pflanzungen, Sträuße, Trauerfloristik** und **Businessfloristik**
- **topverkäufliche Floristik** auf Basis von optimiertem Material- und Zeiteinsatz
- **Techniktipps, Präsentationsvorschläge** und **Produktinformationen**

Das **PRAXIS**-Magazin im Abo:

- **Preisvorteil:** Abo-Preis inklusive Versand
- **Geld-zurück-Garantie:** bei Kündigung (nach ½ Jahr Bezugszeit, 14 Tage vor Erscheinen der Folgeausgabe)
- **Abprämie:** ein Gratis-Fachbuchtitel zur Wahl
- **Mehr Infos unter:**

blooms.de/praxis-abovorteile

Bestellung: **0800 0 256667** (kostenlos für Anrufer aus Deutschland)
0049 2102 9644-0 (für Anrufer aus dem Ausland)
online: **blooms.de/praxis** oder per Mail: **info@blooms.de**

BLOOM's
MEDIEN | MARKETING | EVENTS